AF404498

HISTOIRE

DE LA

RIVIÈRE DU GIER

PAR

M. Ennemond RICHARD.

———◆———

SAINT-ÉTIENNE,

IMPRIMERIE ET LITHOGRAPHIE DE THÉOLIER,

Place de l'Hôtel-de-Ville, 13.

1858.

HISTOIRE

DE LA

RIVIÈRE DU GIER

PAR

M. Ennemond RICHARD.

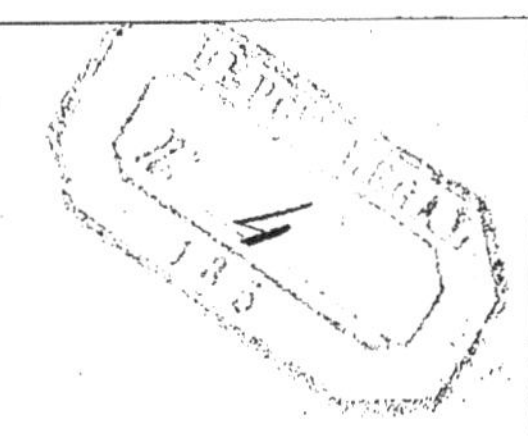

Le 5 juin 1558, messire Christophe, baron de Saint-Chamond, voulut transformer le grand pâturage qui était entre Saint-Chamond et le Creux en une prairie arrosée par le Gier. Il fallait, pour cela, acquérir une prairie de quatre septivées, existante entre le bief de sa molière et de sa garenne. Cette prairie appartenait à Pierre Queyrel du Creux, et Queyrel n'avait pas envie de vendre; mais il avait d'autres prairies au Creux, et le seigneur lui offrit de lui remettre, joignant ses prairies du Creux, une étendue aussi grande, avec un droit d'arrosage du samedi soir au lundi suivant, sous la condition que cette eau ne pourrait pas être détournée et qu'après avoir servi à l'arrosage des prairies cédées, elle reviendrait arroser les prairies inférieures appartenant au seigneur. Ainsi ses eaux, après l'arrosage, ne devaient pas revenir à la rivière, ni à d'autres prairies que celles du seigneur.

Voici le texte de l'acte de 1558 :

Pardevant Jean Farney, notaire de Saint-Chamond, soussigné, en présence des témoins sous-nommés, furent présents et personnellement établis, haut et puissant seigneur messire Christophe de Saint-Chamond, baron dudit lieu et premier baron du Lyonnais, seigneur de Fleurieu et Montchal, d'une part;

Et Pierre Queyrel, du lieu du Creux, paroisse d'Izieux, en la baronnie de Saint-Chamond, d'autre part ;

Lesquelles parties sachant, de leur bon gré, pure, franche et libérale volonté, pour elles et les leur, ont fait et font entre elles les échanges, permutations et choses suivantes :

Premier. Ledit Pierre Queyrel permute, échange, cède, quitte, remet et transporte audit messire Christophe de Saint-Chamond, présent et acceptant avec ledit notaire royal soussigné, stipulant et recevant, à son profit et des siens, hoirs et successeurs à l'avenir,

A savoir, un sien pré, sis au terroir de Pra-Cornier, en ladite paroisse d'Izieux, contenant quatre seytivées de pré ou environ, joignant le pré dudit seigneur baron, de matin ; le pré de Claude Delaval, Jeanne Guillemin, sa femme, et d'autres personnes, de vent; l'autre pré dudit Queyrel, un béal et bornes de nouveau plantées entr'eux, de vent; le pré de Jean Martinier qui fut de l'abessée, de bise, et joignant le chemin tendant dudit lieu du Creux au pont d'Izieux, de soir, sauf ses autres plus vrais confins, avec ses fonds, fruits, entrées, issues, prises d'eau accoutumées, etc., etc.

Et, par contre et récompense de ce, ledit seigneur baron messire Christophe de St-Chamond a permutté et échangé, etc., etc.,

A savoir : un sien pré, situé au terroir de la Frioda et du Bénevis, en ladite paroisse d'Izieux et près ledit lieu du Creux, joignant le pré et bois dudit Queyrel, de matin ; le pré de Jacques Fillod, de soir; l'autre pré dudit Queyrel, de vent; et joignant l'autre pré dudit seigneur baron de Saint-Chamond, séparé d'avec le susdit pré ci-devant confiné, deux bornes entre deux plantées, de bise ; sauf ses autres confins plus vrais, si aucuns il y a, ses fonds, fruits, entrées, issues, prises d'eau accoutumées, qui sont les eaux venants et accoutumées, venir, sortir et être menées et conduites audit pré, ci-devant prochainement confiné, de l'enclose du moulin du nommé Jean Martinier de la Martinière, de là passer par les prés du susdit Claude Delaval et ses consorts, de Jean Doyon, Benoît Perrotin, son gendre, et d'Etiennette Doyon sa femme, et d'Antoine Valleton, dudit lieu du Creux, et ce dès le samedi au soir jusqu'au lundi suivant de chaque semaine de l'année, perpétuellement, et avec les autres propriétés, appartenances et dépendances dudit pré, à quelquonque sera tenu ledit seigneur baron, comme il le promet d'ainsi maintenir audit Queyrel et aux siens ladite prise et prétention d'eau, sous condition que ledit seigneur baron aura après et prendra, lui et les siens, lesdites eaux comme elles iront, sortiront et seront prêtes de sortir dudit pré échangé par ledit seigneur baron audit Queyrel, sans que ledit Queyrel ni les siens puissent divertir, ni détourner ailleurs qu'au pré dudit seigneur baron, y joignant comme dessus est dit.

Ainsi, Pierre Queyrel et les siens ne peuvent céder les eaux de leur arrosage aux propriétaires des prairies situées au soir ; il faut nécessairement que l'eau d'arrosage rentre à la prairie du seigneur.

Le pré situé au soir appartenait, d'après cet acte, à Jacques Fillod, et c'est pour l'arrosage de cette prairie qu'a été constituée plus tard la prise d'eau du bassin de M. Gillier.

Cinquante-deux ans plus tard, messire Jean Giraud prêtre et curé de Phelines, vendit un pré qu'il possédait en face du pont d'Izieux ; il le vendit à Antoine Montgirod pour un quart, Jean Jacquier pour un quart, et Claude Mosnier pour l'autre moitié.

Sur la moitié de Mosnier, il y avait une fontaine dont les eaux furent partagées entre les trois propriétaires. Voici cet acte de partage :

Par acte reçu Ravachol, notaire royal, le 5 février 1611,
Appert que le troisième décembre 1610, par contrat reçu du même notaire, Antoine Montgiraud, tixotier du lieu d'Izieux ; Jean Jacquin, forgeur dudit lieu, et Claude Mosnier, laboureur, du

lieu du Mas, paroisse de Doizieu, à présent demeurant audit lieu et village d'Izieux, ayant acheté conjointement, savoir : lesdits Montgirod et Jacquin pour une moitié, et ledit Mosnier pour l'autre, de messire Jean Giraud, prêtre curé, demeurant à Saint-Chamond, un tènement de pré situé en ladite paroisse d'Izieux, amplément désigné audit contrat, à condition que ledit tènement de pré soit également partagé entre les acheteurs par prudhommes et gens à ce connaissant, et le choix baillé par licitation au plus disant.

Ensuite de quoi ayant été procédé audit partage par Antoine Perrellon et Jean Berthier, prudhommes respectivement nommés et reçus, tellement qu'il a été rédigé acte public de la division faite par les prudhommes. Premièrement, ont accordé et convenu que la part dudit Jacquin sera et appartiendra, comme lesdits Montgirod et Mosnier lui ont délaissé et délaissent en toutes propriétés et fruits, à savoir : une journalée de pré ou environ, faisant partie du susdit achept, et laquelle portion joint au pré d'hault et puissant seigneur messire Melchior Mitte de Saint-Chamond, appelé de la Garenne, de matin ; le grand chemin tendant dudit lieu d'Izieux à la Croix-du-Coing, de bize ; la rivière de Gier, ledit chemin entre deux, de soir ; et le pré advenu audit Antoine Montgirod, bornes et limites entre deux de nouveau plantées par lesdits prudhommes, de vent.

Ils leur ont aussi accordé et convenu qu'à la part dudit Montgirod sera et appartiendra, comme lesdits Jacquin et Mosnier lui ont délaissé et délaissent ainsi que dessus, à savoir : une autre journalée de pré ou environ, du susdit tènement qui joint immédiatement le pré advenu audit Jacquin, de bize ; le pré dudit seigneur, de matin et vent ; la rivière de Gier, ledit chemin entre deux, de soir.

Et finalement ont aussi accordé et convenu que la part dudit Mosnier sera et appartiendra, comme lesdits Jacquin et Montgirod lui ont aussi délaissé et délaissent, à savoir : deux journalées et demi de pré ou environ, faisant le reste dudit tènement vendu, joignant le chemin tendant du pont dudit lieu d'Izieux au Creux, de soir ; le pré du seigneur de Saint-Chamond, de matin, vent et bize ; et le pré advenu audit Montgirod ci-dessus, bornes et limites entre deux plantées, de bize, sauf autres confins, etc.

Et au regard des eaux venant pour l'irrigation du susdit total tènement de pré, et entr'autres l'eau d'une fontaine qui est dans le pré advenu audit Mosnier par le présent partage, ont aussi accordé et convenu lesdites parties que lesdites eaux seront et demeureront partagées comme s'en suit : premièrement, ledit Jacquin aura et prendra lesdites eaux par un beal et canal qui sera fait par lesdits Montgirod et Mosnier, et chacun d'eux dans leurs dits fonds, pour conduire ladite eau de ladite fontaine pour l'irrigation du pré d'icelui Jacquin, d'un pied et demi de largeur, et demi-pied de profondeur, et ce pour deux jours et deux nuits de chacune semaine, à prendre lesdites eaux dès le lundi soleil levant jusqu'au mercredi aussi soleil levant, et à ces fins ne pourront jamais lesdits canaux être changés ni divertis, ainsi seront entretenus par lesdits Montgirod et Mosnier chacun dans leurs propriétés, selon ladite largeur et profondeur. Item aussi appartiendront lesdites eaux audit Montgirod, etc.

Extrait *pro parte*, pris et collationné sur la minute, retirée du protocole Ravachol, déposé aux archives de l'hôpital de Saint-Chamond et de suite remise à son rang, par le notaire royal, à sa résidence de Saint-Chamond, soussigné, ce quatorze avril mil huit cent vingt-deux.

Signé : BERGER, notaire.

Dix ans plus tard, le seigneur de Saint-Chamond préféra avoir une rente noble et le bois du prieuré de Saint-Julien que le pré que le grand-père de sa femme avait échangé, le 5 juin 1558, avec Queyrel. Ce pré avait quatre seytivées (chaque seytivée avait 8 bicherées de 300 toises de 5 pieds et demi, soit 8 fois 958 mètres); mais comme il lui fallait trois mille livres pour faire cette acquisition, il vendit 8 seytivées, soit 6 hectares 2 ares 35 centiares, à un marchand de Saint-Chamond s'appelant Bullioud. Voici l'acte de vente, constituant en même temps l'arrosage du lundi et du mardi en faveur de cette prairie, de 62,352 mètres de surface.

A tous ceux qui les présentes verront, nous, garde du scel commun royal, etc., etc.

Establi et constitué haut et puissant seigneur Melchior Mitte de Chevrières, seigneur, marquis de Saint-Chamond, etc., etc.

Lequel, de gré et volonté, pour lui et les siens présents et à venir, a vendu, cédé, livré et transporté, et par vente, cession et transport irrévocable, quitte, remet et promet maintenir et garantir de tous troubles et empêchements quelconques et de toutes actions rescidentes et ressissoires, au sieur Joseph Bullioud, marchand, demeurant en ladite ville de Saint-Chamond, présent, acquérant et acceptant pour lui, ses hoirs et ayant cause, ou pour ses amis élus ou à élire, en tout ou en partie, dans quarante jours prochains, à dater d'aujourd'hui, date du présent, à savoir : un sien pré appelé le Pré-de-la-Garenne, situé en la paroisse d'Izieux, contenant huit seytivées ou environ, joignant le grand chemin tendant du lieu d'Izieux au Coing, de bize ; le béal servant pour l'irrigation du grand pré dudit seigneur, tout au long de la Garenne, de matin et vent ; et encore ladite Garenne, bornes entre deux de nouveau plantées sur le haut bout d'icelle pour la separer d'avec la partie du pré qui est sur ledit béal, de bize ; la terre et bois de Jérôme Queyrel du Creux, les prés de Pierre Teillard, Gabriel Colomban, Fleury Saignemorte et Pierre Gilbert, de vent ; autre chemin tendant dudit lieu d'Izieux au Creux, de soir ; et les prés de Jean Jacquin, Antoine Montgirod et Jérôme Guillemin, dudit soir et bize, sauf autres confins, autres fonds, entrées, sorties, droits de propriétés, commodités, appartenances et dépendances quelconques et spécialement aux facultés et permis que donne ledit seigneur vendeur audit acquéreur de prendre dans ledit béal de sondit grand pré l'eau nécessaire pour l'irrigation dudit pré vendu, deux jours de chacune semaine, savoir : depuis icelui jour du lundi, soleil levant, jusqu'à icelui jour du mercredi, aussi soleil levant, à condition néanmoins que ledit béal, durant le contenu dudit pré vendu, sera entretenu par ledit acquéreur, au prorata de l'usage qui lui est accordé de ladite eau et jours susdits, sous la réserve néanmoins que fait ledit seigneur vendeur d'un passage tout du long dudit béal, pour aller chercher l'eau à ses jours, à la charge d'un sol de rente annuelle, etc., etc.

Cette vente faite sous et moyennant le prix et somme de trois mille livres tournois, employées aux acquisitions par lui faites tant de la rente noble de la Seauve que du bois du prieuré de St-ulien-en-Forest, etc., etc.

Il ressort de cet acte que la parcelle vendue était limitée du côté du nord par le chemin allant d'Izieu au Coin. (Ce chemin a été supprimé par le chemin de fer ; c'est actuellement le sentier passant entre la maison et clôture de M. Vericel et la maison de M. Delermoy.)

Du côté du couchant, cette parcelle était limitée par le pré partagé, le 5 février 1611, un quart à Jean Jacquin, un quart à Antoine Montgirod, et moitié à Jérôme Guillemin, acquéreur de Claude Mosnier. Sur ce point, le pré du seigneur couvrait, au midi, le pré de Guillemin et venait jusqu'à la route tendant d'Izieu au Creux.

Plus tard, Joseph Bullioud a vendu son pré en détail : la partie haute compose le pré Souchon et le pré Badard ; le milieu, le pré Dugas ou Jordan, et le bas, les prairies Duchez, Jalas, Richard et Delermoy.

Le 11 janvier 1701, le propriétaire du milieu de cette prairie éprouvait des difficultés pour arroser sa prairie ; le titre était entre les mains du possesseur de la partie supérieure ; il s'adressa au notaire du seigneur, et un nouveau titre lui fut remis sous la forme suivante :

Sieur Michel Ronchard a abenevisé, de haut et puissant seigneur messire Charles-Emmanuel de la Vieuville, comte de Vienne, marquis de Saint-Chamond, absent, le notaire soussigné pour lui présent et acceptant, la prise d'eau provenant du grand béal du Creux et d'Izieux au Coin, pour abreuver un pré situé aux prairies du Creux et d'Izieux, joute le chemin tendant dudit Izieux au Creux et au grand pré dudit seigneur, de soir ; le pré du sieur Brunon, de bise ; le pré de Catherine Pitiot, de vent ; et le pré dudit seigneur, de matin, au cens et servis imposé sur ledit pré par ces présentes d'un denier viennois, avec lod, milod, etc.

Ce pré a été acheté à Ronchard par M. Dugas aîné, de Saint-Chamond ; il a passé, par héritage, à la fille unique de M. Dugas, à Mme Jourdan, de Sury, et M. Jourdan fils aîné l'a vendu à trois personnes.

La partie haute a été vendue à M. Michel-Colombet, du Creux ;

La partie du milieu à la Compagnie du chemin de fer.

La partie occidentale à M. Ennemond Richard. Le café Berthe est sur cette parcelle, ainsi que, de l'autre côté du chemin de fer, le bassin de la Blanchisserie, la maison et le jardin Ravachol, et la prairie close de murs de M. Boutier.

Quand la révolution de 1788 est venue changer l'ancien ordre des choses, le seigneur de Saint-Chamond possédait la totalité de la grande prairie du Château, jusqu'à la parcelle de M. Dugas, au midi, et les deux parcelles, au couchant, du partage de 1611.

Il possédait toutes les usines de la rivière du Gier ; ainsi, la Molière était son aiguisage pour les outils de l'agriculture.

Les moulins d'Izieux jouissaient de l'ancien droit local de suspendre les arrosages de la semaine, parce que la mouture était un cas d'utilité publique ; ces moulins appartenaient au seigneur.

Le Maillot était une fabrique de pelles, et c'est maintenant la fabrique à lacets de M. Hervier, achetée depuis deux ou trois ans par MM. Petin-Gaudet et Cie.

Les moulins de Notre-Dame et les moulins de St-Pierre appartenaient au seigneur.

M. de Montdragon émigra, ses biens furent vendus comme biens d'émigrés ; les prairies furent vendues avec leurs droits d'arrosage. On ne se servit pas de l'intermédiaire d'un notaire. Voici la copie d'une de ces ventes :

VENTE DES BIENS

Confisqués sur Gallet Montdragon, émigré.

L'an trois de la République française, une et indivisible, et le 9e jour du mois de germinal, nous administrateurs du district de Commune-d'armes, nous sommes transportés, accompagnés de l'agent national, dans la salle des séances ; celui-ci a annoncé qu'il allait être procédé à la réception des premières enchères pour la vente des biens ci-après désignés, indiqués par l'affiche n° 10 du mois de germinal, dont il a été donné lecture, laquelle affiche a été bien et dûment publiée et apposée dans les lieux prescrits par la loi ; lesquels biens consistent, savoir : le douzième lot d'un grand pré dit du Château, contenant sept bicherées et deux tiers, joignant d'Orient la côte du citoyen Hervier, de midi le troisième lot, d'occident le nouveau chemin, et de bise le 11e article.

L'acquéreur jouira de la prise d'eau suivant la proportion et le temps qui seront répartis entre tous les lots, d'après leur étendue.

Les enchères ont été portées à seize mille livres par le citoyen Benoît Cholet, marchand de soie à Saint-Chamond.

Enregistré à Saint-Etienne, le 28 germinal, 3e année.

Pour expédition :

M. PARET, *secrétaire*.

Toutes les parcelles de cette immense prairie furent vendues avec cette même formule et avec ces mots : « L'acquéreur jouira de la prise d'eau suivant la « proportion et le temps qui seront répartis entre « tous les lots, suivant leur étendue. »

Quelques mois après, les molières, maillots et moulins furent vendus. Voici l'acte de vente des moulins d'Izieux :

LIBERTÉ.   ÉGALITÉ.

VENTE DE BIENS NATIONAUX,

Provenant de Gallet Montdragon, émigré.

Le 2 ventôse de l'an III de la République française, une et indivisible, à 8 heures du matin,

Nous administrateurs, etc., etc., l'agent national du district a annoncé qu'il allait être procédé à la réception des premières enchères pour la vente des biens désignés et indiqués par l'affiche n° 9 :

Un moulin consistant en un corps de bâtiments composé d'un

rez-de-chaussée où se trouve une cuisine très-obscure, une chambre au-dessus et un grenier régnant sur icelle ; deux moulins à moudre le blé avec leurs tournants, une pièce au-dessus, avec un pigeonnier que dit avoir construit le fermier ; en bise dudit bâtiment, est une écurie avec une fenière, un caveau et un grenier au-dessus ;

2° En une autre maison composée de deux bas, dont l'un contient deux moulins à blé avec leurs tournants, et l'autre un moulin propre à battre l'écorce de chêne, une grange au-dessus dudit bas ;

3° En un emplacement servant jadis de battoir à chanvre ;

4° En un jardin contenant une couperée, avec des réservoirs, joignant d'orient le pré du citoyen Deboissieux, de midi la rivière de Gier, d'occident le jardin de Laurent Berger, et de septentrion le clos du citoyen Dugas ;

Item, en une portion de pré prise sur la grande prairie du Château, de la contenance de dix-huit métérées, joignant d'orient le surplus de ladite prairie affermée aux frères Souchon ; autre surplus de ladite prairie affermée au citoyen Jacquet, de midi ; le chemin de Saint-Martin-Acoalieu, d'occident, et la rivière de Gier, de septentrion.

Nota. — *L'adjudicataire aura la faculté de prendre les eaux dans le béal qui arrose la grande prairie du Château,* sauf les réparations à faire à frais communs lorsqu'il en sera besoin.

Ledit lot estimé au capital de 17,100 livres, outre 1,277 livres pour frais d'expertise, pour l'enregistrement de la minute et les quatre expéditions à faire.

Les enchères ont été portées à la somme de soixante mille six cent livres par la citoyenne Séon, femme Bochu, fondée de procuration par son mari, demeurant à Saint-Symphorien-le-Château.

Enregistré à Commune-d'armes, le 25 ventôse, 3ᵉ année de la République française.

Pour expédition :

M. Paret, *secrétaire.*

Le 21 mai 1818, cette propriété a été vendue par Pierre Bochu et dame Antoinette Séon, veuve Bochu, à M. Jean-Jacques marquis de Gallet et de Montdragon, héritier direct et légitime de l'ancien seigneur, et le lendemain, 22 mai 1818, ils devinrent la propriété de M. Charles-François Richard.

Les propriétaires actuels de la molière, MM. Tapponnier et Harel; des moulins d'Izieux, M. Ennemond Richard; du maillot, MM. Petin-Gaudet; des moulins de Notre-Dame et des moulins de Saint-Pierre ne possèdent pas la totalité des eaux de la rivière du Gier; ils possèdent seulement les eaux qui restent à la rivière :

1° Après l'arrosage des prairies du Creux, limité depuis le samedi soir jusqu'au lundi suivant;

2° Après l'arrosage du pré Souchon, du pré Badard, du pré Jourdan et de la partie basse de la prairie du Château, qui peuvent arroser tous les jours de la semaine, plus le dimanche, de 8 heures du soir à 4 heures du matin, suivant les titres de chaque propriétaire.

La prise d'eau de la prairie du Château est ainsi divisée :

Une toise un quart de largeur pour le béal de la molière;

Un quart de toise de largeur pour l'arrosage de la prairie.

Les prises d'eau des prairies ont été constatées, le 28 juin 1846, par un acte dressé par le notaire de la ville de Saint-Chamond et par l'architecte-voyer. Cet acte a été enregistré le 8 juillet suivant.

Voici la copie de cet acte :

Nous, Etienne-Marie Point, notaire à Saint-Chamond, assisté de M. Bouquin, sus-dénommé et qualifié, obtempérant à la réquisition qui précède, nous nous sommes transportés sur les lieux sus-indiqués et avons de suite procédé aux opérations dont s'agit, desquelles il résulte :

1° Que la prise d'eau d'arrosage partant du bassin de M. Robert (usine de la molière) en sort contenue dans un tuyau de forme ronde, mais dont la circonférence n'est pas parfaitement exacte, puisqu'elle a quatre-vingt-quinze millimètres de hauteur sur quatre-vingt-dix-huit millimètres de largeur;

2º Que l'examen attentif que nous avons fait de tous les matériaux qui avoisinent ou servent à cette prise d'eau a établi à nos yeux et nous a convaincu que le placement de ce tuyau et la pose des pierres de taille qui le continuent remontaient à la construction du bassin dont s'agit;

3º Que la distance qui sépare le point où se trouve l'orifice du tuyau dont s'agit, de la prise d'eau d'arrosage des prairies du Château, qui prend sa naissance dans le bief des usines, est de cent cinquante-un mètres vingt centimètres;

4º Que la prise d'eau d'arrosage des prairies du Château dont il vient d'être parlé a une largeur de quarante-cinq centimètres, et que l'eau y flue sur une hauteur de seize centimètres;

5º Que la largeur de la prise d'eau d'arrosage du Creux prenant sa naissance au bief qui fait mouvoir l'usine de M. Michel est d'une largeur de soixante-deux centimètres, et que l'eau y flue sur une hauteur de trente centimètres;

6º Que dans le bassin de l'usine de MM. Gillier frères, placé entre la prise d'eau du Pré-Château et celle du Creux, se trouve une prise d'eau qui passe sous le chemin vicinal nº 2 et se rend dans le pré de M. Dubouchet;

7º Que la hauteur de cette prise d'eau est de trente centimètres sur trente centimètres de largeur, et que l'eau y flue sur toute la hauteur sus-indiquée.

De tout quoi nous avons rédigé le présent procès-verbal.

Comme ce procès-verbal aurait pu laisser quelque incertitude dans l'avenir, il en a été dressé un autre le 9 février 1858; en voici le texte:

Nous, Alexandre-Auguste Freydier, notaire à Saint-Chamond, assisté de M. Joseph Bonnet, etc., etc.. et avons de suite procédé aux opérations dont s'agit, desquelles il résulte:

1º Que la largeur du bief à la naissance de la prise d'eau du Pré-Château, d'une pierre de vanne à l'autre, intérieurement, est de deux mètres vingt-sept centimètres;

2º Que la largeur de la prise d'eau du Pré-Château, sous l'ancienne route d'Izieux au Creux. est de quarante-trois centimètres et que le canal est en maçonnerie;

3º Que les neuf dixièmes environ des eaux passent par le

bief conduisant l'eau au bassin Robert, et l'autre dixième passe par la prise d'au du Pré-Château.

Il résulte de ces deux procès-verbaux que le barrage de division en fortes pierres de tailles a une largeur de

5/6 soit 2 m. 27 c. pour l'eau de l'usine

1/6 soit   45 c. pour l'eau d'arrosage

et que par l'effet de la différence de rapidité dans le courant, neuf dixièmes de l'eau se rendent à l'usine, un dixième de l'eau se rend aux prairies.

Ce dixième des eaux appartient au pré Souchon du lundi soleil levant au mercredi soleil levant, et il appartient aux autres propriétaires des prairies du mercredi soleil levant à la fin de la semaine.

Voici l'acte qui a été passé, le 30 décembre 1832, par les propriétaires de toute les prairies joignant le bief d'arrosage, sans s'inquiéter des prairies situées entre le chemin et la rivière.

Par-devant Me Jean-Marc Suat et son collègue, notaire à Saint-Chamond (Loire), soussignés,

Furent présents :

M. Bernard Duchez, propriétaire, demeurant à Saint-Chamond ;

M. Jean-Baptiste Jalas, propriétaire à Izieux ;

M. Jean-Pierre Perrelon, aubergiste aux Portes ;

M. François Vericel, propriétaire blanchisseur de coton à Izieux ;

M. Jean-Baptiste Deschamps, rentier à Saint-Chamond ;

M. Laurent Dervieux, limonadier au Pré-Château ;

M. Etienne Maillon, propriétaire-cultivateur à Saint-Chamond,

M. Claude Gonin, boucher à Saint-Chamond ;

M. Laurent Biscornet-Blachon, teinturier à Saint-Chamond ;

M. Pierre Laurent, jardinier, demeurant au Pré-Château ;

M. Claude Pitiot, moulinier en soie à Izieux ;

M. Claude Roussier, jardinier à Saint-Chamond ;

Tous lesquels ont exposé et fait ce qui suit :

1o Les susnommés possèdent entr'eux et chacun pour la part qui sera ci-après désignée, concurremment avec Messieurs de Montdragon et Richard-Chambovet, d'ici absent, et concurremment aussi avec l'Hospice de la ville de Saint-Chamond, et ce dernier pour une très-faible partie, *toute la prairie supérieure appelée le Pré-Château*, etc., etc.;

2° Cette prairie a droit à un arrosage hebdomadaire qui commence le samedi à huit heures du soir et se termine le lundi suivant, à quatre heures du matin, de chaque semaine; tous les propriétaires de cette prairie et ci-dessus dénommés ont droit à cet arrosage, et chacun d'eux au prorata de l'étendue de sa propriété.

Cette prise d'eau est établie en faveur du Pré-Château: 1° Par des actes authentiques, et notamment par les ventes qui ont été faites, de cette propriété, en l'an trois de la république, par le gouvernement d'alors; 2° Par une jouissance paisible et non contestée qui se perd dans la nuit des temps, jouissance incontestable aujourd'hui, puisque des travaux apparents et aussi anciens que l'usage de cet arrosage existent et servent à conduire l'eau dans la parcelle de chacun des propriétaires ci-dessus nommés.

Cette prise d'eau est établie sur la rivière de Gier et un peu au-dessus de la serve de l'usine de M. Lacombe, par un petit canal;

3° Les propriétaires ci-dessus nommés, les présents comme les absents, jouissent de leur arrosage chacun en ce qui les concerne, sans règlement, et ceux qui se trouvent présents voulant, autant pour eux que pour ceux qui sont absents, établir un règlement de ce cours d'eau, ont déclaré le faire nonobstant l'absence de M. de Montdragon, Richard et de la Charité, afin que chacun des propriétaires connaisse avec plus d'exactitude quels sont ses droits et puisse ainsi en user plus commodément;

4° M. Richard, de Montdragon et la Charité n'étant pas représentés dans ce traité, les parties prenantes décident que le présent acte sera notifié à chacun des ayant-droits et qui sont absents, etc., etc.;

5° La première portion qui ait droit à l'arrosage est celle du sieur Duchez, et elle est suivie des autres dans l'ordre numérique et nominal qui suit, et chacun a l'étendue ci-après désignée.

La part du sieur Duchez est d'une étendue de 7,220 mètres; elle a droit à un arrosage proportionnel de deux heures de durée, lequel arrosage commencera à huit heures précises du soir, le samedi de chaque semaine, et finira à 10 heures du même jour.

Il est expliqué que si le sieur Duchez a le droit de se prévaloir de l'eau avant huit heures, l'arrosage dont il profitera avant cette heure se compensera avec les pertes d'eau qu'il souffre pour l'arrivée des eaux jusqu'à sa propriété :

	mètres.	h.	m.	h.	m.	h.	m.
1 Bernard Duchez	7220	2	» »	de 8		à 10	» »
2 J.-B. Jalas	4220	1	11	10	» »	11	11
3 Ch.-Fr. Richard	6330	1	44	11	11	12	55
4 J.-P. Perrelon	5161	1	20	12	55	2	21
5 François Vericel	7580	2	05	2	21	4	26
6 J.-B. Deschamps	3500	»	59	4	26	5	25
7 Richard	6270	1	44	5	25	7	09
8 J.-B. Jalas	6750	1	53	7	09	9	02
9 Laurent Dervieux	1800	»	30	9	02	9	32
10 Etienne Maillon	12500	3	27	9	32	12	59
11 Claude Gonin	7070	1	57	12	59	2	56
12 Laurent Biscornet	8870	2	27	2	56	5	23
13 Pierre Laurent	2700	»	45	5	23	6	08
14 Claude Pitiot	8980	2	28	6	08	8	36
15 Claude Roussier	9290	2	33	8	36	11	09
16 De Montdragon	17060	4	42	11	09	3	51
17 La Charité	500	»	09	3	51	4	» »

6o Le béal ou canal qui sert à conduire cette prise d'eau dans chacune des propriétés sus-désignées prend sa source dans la rivière de Gier, un peu au-dessus de l'écluse de l'usine appartenant à M. Lacombe, et se prolonge le long d'un pré appartenant aujourd'hui à M. Souchon, pour arriver, après avoir suivi divers autres prés appartenant à d'autres propriétaires, au pré du sieur Duchez.

Ce canal, qui doit avoir une largeur de 66 centimètres, devra être entretenu aux frais de tous les propriétaires susnommés et au prorata du droit d'irrigation de chacun d'eux, sans préjudice, toutefois, à la part pour laquelle doivent y contribuer les propriétaires qui se trouvent à l'occident du sieur Duchez *et qui se servent de ce même canal pour arroser leurs prairies à des jours différents*, ce dont il a été question ci-dessus. Ceci étant ainsi expliqué, attendu que ces autres propriétaires ont ou peuvent avoir des droits d'irrigation établis par la même prise d'eau, mais dans des temps autres que le samedi depuis huit heures du soir jusqu'au lundi à quatre heures du matin, de chaque semaine;

7° Chacun des propriétaires susnommés et qualifiés demeure chargé de fournir, sur le droit d'irrigation qui lui est attribué plus haut, l'arrosage qui pourrait compéter à toutes personnes envers qui il aurait pu aliéner une partie ou même la totalité de la parcelle dont l'étendue est spécifiée ci-devant; c'est ainsi que chacun desdits propriétaires devra s'entendre avec la compagnie du chemin de fer pour les droits que cette dernière ferait valoir sur la part d'arrosage compétant à la superficie qui lui a été vendue par chacun d'eux;

8° Chacun des propriétaires sera tenu de veiller à ce que l'eau arrive à sa propriété à l'instant où il a le droit de la prendre, suivant ce qui est établi plus haut, à moins, toutefois, qu'il ne convienne mieux à tous les ayant-droits de désigner une personne qui serait chargée de faire la distribution, d'après ce qui précède, qui serait payée au prorata des droits de chacun des propriétaires, ce qui, au surplus, sera réglé ultérieurement, s'il y a lieu.

Les parties expliquent que ce règlement de cours d'eau sera déterminé par l'horloge publique de la commune d'Izieux, attendu que la prise d'eau commence son cours dans cette dite commune; ainsi, cette horloge fera la règle unique de tout l'arrosage;

9° MM. de Montdragon et Richard et l'Hospice de la Charité ayant droit au cours d'au réglé dans cet acte, pourront en retirer une expédition, quoique absents, le notaire détenteur de la minute étant autorisé à la leur délivrer, à eux ou à leurs ayant-droits; mais, dans ce cas, il est bien entendu qu'ils devront acquitter leur part des présentes, fixée à dix centimes par minute, tant pour les droits de timbre, d'enregistrement, que pour émoluments, non compris, toutefois, les droits de timbre et de rôles d'expédition.

Dont acte

Fait et passé à Saint-Chamond, en l'étude de Me Suat, l'an mil huit cent trente-deux et le trente décembre.

Enregistré le cinq janvier mil huit cent trente-trois.

Par l'acte de 1621 on voit que le béal d'arrosage qui est en tête du pré Souchon n'appartient pas à ce pré mais à la prairie du Château, et que le seigneur se réserve le droit de passer tout au long de ce béal pour aller chercher l'eau à ses jours.

Les jours du pré Souchon sont le lundi depuis le soleil levant jusqu'au mercredi soleil levant.

L'acte de 1701 ne fixant pas de jour, l'arrosage de ce pré a lieu le jeudi, depuis de longues années ; quel est maintenant le jour d'arrosage des prairies faisant suite au nord?

Les moulins d'Izieux ont été vendus avec 18 métérées de pré prises sur la grande prairie du Château, et l'acte de vente porte : « Nota. L'adjudicataire aura « la faculté de prendre les eaux dans le béal qui arrose la grande prairie du Château. » L'acquéreur allait donc les prendre, et comme les nombreuses prairies au nord de la sienne avaient sur leurs actes de vente la même stipulation d'arrosage, il fut passé entre eux un acte par-devant notaire pour régler leurs droits.

L'acquéreur du moulin d'Izieux s'appelait Jean-Marie Bochu : le 3 mai 1811 il signa avec Michel Ferriol, Michel Duplomb et Jean Brun, le règlement suivant :

NAPOLÉON, par la grâce de Dieu et les constitutions, Empereur des Français, Roi d'Italie et Protecteur de la Confédération du Rhin, à tous présents et à venir, salut. Savoir faisons que

Par-devant Finaz et son collègue, notaires impériaux, résidant à Saint Chamond, département de la Loire,

Comparaissent dame Antoinette Séon, épouse de M. Jean-Marie Bochu, propriétaire, demeurant à Saint-Symphorien-le-Château, de lui autorisée et fondée de procuration générale, par acte reçu Me Blanchon, notaire audit Saint-Symphorien, le quatorze prairial an onze, enregistré le même jour et délivré en expédition, d'une part,

Michel Ferriol, cultivateur, demeurant auprès du pont d'Izieux, commune du même nom, d'autre part,

Michel Duplomb, marchand, demeurant au lieu et commune d'Izieux, d'autre part,

Et encore Jean Brun, aubergiste, demeurant audit Saint-Chamond, d'autre part,

Lesquels expliquent qu'ils possèdent dans la ladite commune d'Izieux, au territoire du Pré-Château, savoir: le sieur Bochu, un pré d'environ cent soixante et dix ares, confiné: à l'orient, par le nouveau chemin de Saint-Chamond au Creux; au midi, par celui du Coin à Izieux; au midi et à l'occident, par la rivière de Gier, et au nord, par le pré dudit Ferriol;

Michel Ferriol, un pré d'environ soixante-sept ares, au nord et à la suite de celui de Bochu;

Michel Duplomb, un pré d'environ soixante-un ares, au nord et à la suite de celui dudit Ferriol;

Et Jean Brun un pré d'environ soixante-un ares sept déciares, au nord de celui de Duplomb, ayant pour confin au nord le pré des mariés Chol et Peyret;

Lesdits trois derniers prés confinés à l'orient par le susdit chemin de Saint-Chamond au Creux, et à l'occident par la rivière de Gier, pour l'irrigation desquels prés les parties sont en possession et ont droit de prendre les eaux qui se rendent au pré de Gonin, situé au midi du susdit chemin tendant du Coin à Izieux, traversant ledit chemin et se rendant au pré du sieur Bochu, d'où, par un petit canal appelé vulgairement bief, elles se rendent à la tête des prés sus-confinés.

Lesdites parties, voulant prévenir toutes discussions que pourraient occasionner le partage desdites eaux, sont convenus qu'elles appartiendront au sieur Bochu, pour l'irrigation de son pré sus-confiné, depuis le samedi, six heures du matin, jusqu'au mardi, même heure, de chaque semaine;

Audit Michel Ferriol, pour l'irrigation de sondit pré, depuis le mardi, six heures du matin, jusqu'au mercredi, même heure, de chaque semaine;

Audit Michel Duplomb, depuis le mercredi, six heures du matin, jusqu'au jeudi, heure de midi, de chaque semaine;

Et enfin audit Jean Brun, pour l'irrigation de son pré sus-confiné, depuis le jeudi, heure de midi, jusqu'au samedi suivant, six heures du matin.

Chaque partie aura la pleine et entière disposition des eaux dont il s'agit pendant le temps qui lui aura été assigné par les présentes. En conséquence, *elle pourra les suivre jusqu'à leur naissance, par le moyen du chemin à talon sur la rive du canal*, pour la partie qui ne longe pas le chemin, et à moins de dommage que faire se pourra.

Chaque partie contribuera proportionnellement à l'entretien du canal pour toute la partie qui se trouve *au midi du chemin d'Izieux au Coin.*

Ainsi convenu et réciproquement accepté.

Enregistré le 13 mai 1811.

M. Charles-François Richard, dans l'intérêt de la grande manufacture de lacets et de la blanchisserie de coton qu'il était en train de construire, voulut posséder le pré de Michel Ferriol, celui de Michel Duplomb et celui de Jean Brun, pour posséder à lui seul toutes les eaux partagées le 3 mai 1811; Il réussit à le faire, soit à prix d'argent, soit au moyen d'un échange. Pour s'assurer toutes les eaux provenant des prairies Gonin; il en fit l'acquisition le 21 avril 1825; voici l'acte de vente :

Pardevant Me Louis-Maximilien Finaz,

Comparaissent Claude Gonin, Jeanne Gonin, veuve de Michel Trouillet, et Pierre Preynat, et, sous son autorité procédante, Jacqueline Gonin, son épouse, bouchers, demeurant à Saint-Chamond, etc., etc., lesquels

Vendent solidairement, soldent et transportent à M. Charles-François Richard-Chambovet, négociant à Saint-Chamond, ici présent et acceptant, deux parcelles de pré attenantes, sises entre le bois de la Garenne et les propriétés de Balas (actuellement teinturerie Boutier) et de l'acquéreur, près le pont d'Izieux, commune de ce nom, de la contenue, l'une de vingt-six ares, et l'autre de cinquante-cinq ares; confinées, la première, à l'orient par le bois de la Garenne, le béal qui sert à l'irrigation de la prairie du Château entre deux, au midi par le pré d'Etienne Maillon, à l'occident par la seconde parcelle de pré vendu, et au nord par le pré des héritiers Richardier (maintenant Delermoy) ;

Et la seconde parcelle : à l'orient par le susdit pré des héritiers Richardier, la première parcelle de pré, objet de la présente vente, le susdit pré d'Etienne Maillon et encore le pré de Jean Jalas; au midi par le pré de M. Jordan, à l'occident par le jardin de l'acquéreur (jardin de la maison Fereol, actuellement à M. Boutier) et par le jardin et la maison du nommé Balas, et au nord par le chemin tendant du pont d'Izieux à Saint-Martin, sauf autres plus vrais confins.

La présente vente convenue moyennant le prix et somme de sept mille six cent cinq francs, laquelle somme a été réellement et présentement payée comptant, etc., etc.

C'est ce pré Gonin qui donne droit à **M.** Richard aux eaux du dimanche, après Jalas et avant Perrelon, du samedi soir, à partir de 11 heures 11 minutes jusqu'à minuit 55 minutes.

Les quatorze propriétaires des prairies bordant le béal d'arrosage n'ignoraient pas les droits des prairies Bochu, Ferriol, Duplomb et Brun, c'est pourquoi ils n'ont pas voulu les comprendre dans la répartition du dimanche; ils connaissaient les actes de vente leur donnant droit de prendre l'eau au béal d'arrosage, sans limite de temps et de jour; ils connaissaient le partage de ces eaux non limitées fait le 3 mai 1811, c'est pourquoi le notaire a inséré dans l'acte le paragraphe suivant:

Ce canal qui doit avoir une largeur de soixante-six centimètres devra être entretenu aux frais de tous les propriétaires sus-nommés et au prorata du droit d'irrigation de chacun d'eux, sans préjudice toutefois à la part pour laquelle doivent y contribuer les propriétaires qui se trouvent à l'occident du sieur Duchez et qui se servent de ce canal *pour arroser leurs prairies à des jours différents que ceux* dont il a été question ci-dessus; ceci étant aussi expliqué, attendu que ces autres propriétaires ont ou peuvent avoir des droits d'irrigation établis par la même prise d'eau, mais dans des temps autres que le samedi, depuis huit heures du soir jusqu'au lundi, à quatre heures du matin, de chaque semaine.

La dérivation d'un dixième de la rivière du Gier pour arroser les prairies d'Izieux existait avant le 15 juin 1558, puisque, à cette date, l'acte d'échange de messire Christophe, baron de Saint-Chamond, avec Pierre Queyrel, constate que l'arrosage du Creux existait déjà et que la prairie qu'il prend en échange avait ses arrosages ordinaires et accoutumés. A cette époque, il n'existait à Saint-Chamond aucune industrie. Le seigneur possédait la molière, les moulins, les battoirs d'écorce, les maillots. La totalité des eaux pendant les trente-six heures du dimanche et le dixième des eaux, pendant la semaine, appartenait à l'agriculture, qui n'était pas tenue de rendre les eaux à la rivière, puisque les prairies du Creux ne pouvaient rendre les eaux que dans la prairie du Château, et que c'est sur l'extrémité de cette prairie qu'a été prise, en 1629, la place Marquise, appelée maintenant place Notre-Dame.

Aucune usine du Gier n'a le droit d'aller fermer le béal d'arrosage du pré Souchon. M. Souchon peut ne pas prendre les eaux qui appartiennent à son pré ; M. Badard, qui est à la suite, peut ne pas le faire, et il ne le fait pas en ce moment parce que s'il avait un titre, il est perdu, et que, en l'absence d'un titre particulier, il ne peut prendre que les eaux en excès du pré Souchon ; M. Michel et M. Ennemond Richard, qui sont aux droits de M. Jordan, peuvent ne pas prendre les eaux qui leur sont concédées par le titre du 11 janvier 1701 ; M. Ennemond Richard, qui est aux droits de M. Jean-Marie Bochu, de Michel Ferriol, de Michel Duplomb et de Jean Brun, peut ne pas prendre les eaux qui lui appartiennent, conformément à l'acte de vente des moulins d'Izieux et du réglement de partage d'eau du 3 mai 1811 ; mais aucun propriétaire d'usine n'a le droit de dire : Vous n'arroserez pas, et de fermer la prise d'arrosage.

Depuis quelques semaines, M. le maire de Saint-Chamond, dans une pensée de bonne administration, vient d'acheter, par acte sous-seing privé, la prairie de M. Souchon, pour la faire arroser régulièrement tous les lundis et mardis de chaque semaine, non-seulement quand cela sera nécessaire à la production de la prairie et de la seconde herbe, mais surtout quand les prairies du Creux n'arrosent pas et qu'alors l'eau manque à quatre ou cinq des quatorze fontaines de la ville de Saint-Chamond. Les usiniers, dans leur intérêt, auraient dû acheter cette prairie, la revendre comme terre et annuler, à leur profit, le droit d'arrosage de la semaine; ils ne l'ont pas fait, et l'ancien ordre de choses, existant depuis plus de trois siècles, continue comme par le passé.

Quatre barrages perdent ainsi le dixième des eaux du Gier pendant le lundi et le mardi de chaque semaine, sauf la partie que M. Richard ramène à la rivière par les tranchées amenant l'eau à sa nouvelle blanchisserie du pont d'Izieux. Ces quatre barrages sont :

1° Celui de MM. Tapponnier et Harel;

2° Celui des moulins à blé de M. Richard-Vitton;

3° Celui de la fabrique de lacets de M. Ennemond Richard;

4° Celui de M. Gabriel Hervier, appartenant actuellement à MM. Petin-Gaudet; mais ces messieurs retrouvent les eaux de l'arrosage du pré Souchon dans le canal d'écoulement des eaux en excès des fontaines, et c'est à l'issue de ce canal qu'ils prennent les 240 à 300 mètres cubes d'eau nécessaires à la vaporisation de leurs douzes machines à vapeur et de leurs nombreux marteaux-pilons.

L'arrosage du dimanche est-il une perte ou un bénéfice pour les usines? L'expérience prouve que c'est un bénéfice, sauf pour les moulins à blé travaillant le dimanche, car l'eau leur manque complètement ce jour-là; mais pour les établissements industriels, l'eau des trente-six heures du dimanche est absorbée en très-grande quantité par le sous-sol des prairies ; l'évaporation du soleil n'en enlève pas la dixième partie, et les neuf dixièmes retournent à la rivière par des milliers de petits filets d'eau qui fluent de tous les côtés.

La tranchée des fontaines publiques de Saint-Chamond n'est venue changer cet état de choses que pour un seul barrage, celui de M. Gabriel Hervier, quand on rend l'eau en excès au château d'eau, qui se trouve actuellement complètement enclavé dans la forge de MM. Petin-Gaudet ; mais quand la ville rend l'eau en excès au bas du barrage du pont Saint-Antoine, neuf établissements industriels en éprouvent un notable préjudice.

Ces établissements sont :

1° La fabrique d'extrait de châtaigners près du bassin Granjon ;

2° Le moulinage de M. Duclos ;

3° Le moulinage de M. Jules Richard ;

4° Les moulins de Notre-Dame et la fabrique à lacets qui en dépend ;

5° Le moulinage de M. Simon ;

6° La fabrique à lacets de M. Roux ;

7° La fabrique à lacets de M. Charles Hervier, à la Boucherie ;

8° Le moulinage de M. Louis Montagnier, place Saint-Jean ;

9° Le moulinage de M. Philibert Montagnier, au Chemin-Neuf.

Ces neuf établissements ont le droit de se plaindre du préjudice qu'ils ont éprouvé depuis 1826 jusqu'en 1856, c'est-à-dire pendant les trente ans que la ville de Saint-Chamond a rendu les eaux en excès en dessous du barrage du pont Saint-Antoine. Ces eaux varient, pendant les mois d'arrosage des prairies du Creux, entre 12 et 1,300 mètres cubes par 24 heure

Un rapport demandé par M. le maire de Saint-Chamond à M. Janicot, professeur à l'école des mines de Saint-Etienne, a constaté cette quantité pendant le mois le plus sec de l'année, et c'est après la lecture de ce rapport que le Conseil municipal a voté l'établissement de six nouvelles fontaines, et que M. Ennemond Richard, conseiller municipal, a pris l'initiative de la proposition de déverser les eaux en excès au château d'eau de l'usine de MM. Petin-Gaudet, en opérant la jonction des tuyaux de fonte dans le bassin même du château d'eau de Plaisance.

Le vote a eu lieu en 1856, et la jonction des tuyaux a été opérée à cette époque.

Saint-Chamond, le 24 février 1848.

E. RICHARD.

Eaux de la Blanchisserie d'Izieux.

Par l'histoire de la rivière du Gier, on a vu comment M. Charles-François Richard possédait les moulins d'Izieux, les dix-huit métérées de pré qui les précèdent, et quand il avait acheté les prés Gonin. Il avait acheté les eaux du lot n° 1 du partage de 1611, il avait acheté le lot n° 2 de Michel Ferriol. Il fit donation, le 8 octobre 1833, de ces propriétés à son fils Ennemond Richard, et ce dernier, poursuivant l'œuvre de son père, pensa qu'il devait acheter toutes les prairies faisant suite aux prairies Gonin, de manière à ce qu'il pût recevoir directement les eaux d'arrosage ou ne pas les prendre quand elles seraient nécessaires à sa fabrique.

Le pré de Michel Ronchard, qui avait renouvelé, le 11 janvier 1701, son titre d'arrosage, était alors possédé par M. Jordan, de Sury, petit-fils de M. Dugas aîné, de Saint-Chamond ; le chemin de fer venait de le traverser sur une grande étendue et avait construit un aqueduc spécial à ce pré pour que les eaux d'arrosage puissent passer sous les larges remblais du chemin de fer et arriver dans la partie inférieure de cette même prairie.

Le 8 août 1836, M. Ennemond Richard acheta toute la partie au nord du chemin de fer. Voici l'acte d'achat :

Pardevant Me Louis-Maximilien Finaz et son collègue, etc.,

Fut présent M. Jacques-Rémy Jordan, propriétaire rentier, demeurant à Sury-le-Comtal, lequel a par ses présentes vendu à M. Ennemond Richard, négociant à Saint-Chamond :

Un petit pré appelé du Creux, un terrain à côté servant de chemin et le talus borréal du chemin de fer, ce qui comprend tout le terrain que possède, dans le susdit lieu, M. Jordan, de la contenance de trois mille sept cent soixante-neuf mètres, confiné à l'est par le chemin nouveau de Saint-Chamond au Creux et au nord par la terre du sieur acquéreur (pré Gonin transformé momentanément en terre) et le jardin du sieur Ravachol.

Cette vente comprend encore le talus méridional du chemin de fer depuis la voûte du chemin de Saint-Chamond au Creux jusqu'à l'ancien chemin du Creux à Izieux.

Le tout fut vendu avec les prises d'eau ordinaires et accoutumées.

Une partie de cet achat a été renfermée dans la clôture de la blanchisserie, construite elle-même sur une autre parcelle achetée, le 15 septembre 1827, de M. Bertholon, du Creux.

Une partie est devenue un chemin de six mètres de largeur.

La troisième partie est devenue la prairie de M. Boutier. L'eau d'arrosage sortant des deux premières parcelles traverse la troisième, traverse le pré Gonin et se rend ensuite sur la prairie de (18 métérées) 170 ares des moulins d'Izieux.

Le tout se fait conformément aux actes antérieurs et au partage des eaux du 3 mai 1811.

M. Ennemond Richard, en vendant, le 27 juillet 1835, une parcelle du pré Gonin à M. Boutier, s'était réservé le passage des eaux. Voici le sous-seing privé enregistré et déposé à l'étude de M. Finaz :

Entre les soussignés Ennemond Richard et Jean-Baptiste Boutier il a été convenu ce qui suit :

Le premier possède, à Izieux, une terre à blé, contiguë du côté du couchant à la teinturerie et au jardin du sieur Boutier, bornée au nord par le sieur Grange et au levant par le chemin de Saint-Chamond au Creux.

Ladite terre est traversée, d'un bout à l'autre, par un béal d'arrosage qui porte les eaux au clos d'Izieux.

Le sieur Boutier, désirant avoir une entrée sur le nouveau chemin de Saint-Chamond au Creux et une vaste cour pour ses hangars, a demandé au sieur Ennemond Richard d'acquérir une parcelle de sa terre, et ils sont tombés d'accord aux closes et conditions suivantes :

Le sieur Boutier construira un mur, etc., etc.

A deux mètres de distance du mur, du côté du sieur Boutier, il sera pratiqué un conduit de soixante-six centimètres de largeur sur cinquante de hauteur pour le passage des eaux qui traverseront en souterrain.

Plus tard, après une terrible inondation venue des prairies et qui emporta les murs de clôture et une grande partie des drogues de teinturerie du sieur Boutier, M. Ennemond Richard vendit à M. Boutier tout le surplus des prairies Gonin et Jordan, pour qu'il pût les clore de manière à se garantir des inondations à venir.

Le béal d'arrosage traverse toujours la propriété de M. Boutier, et une forte dérivation a été créée vers le Gier pour les moments d'inondations, qui sont terribles sur ce point et interceptent quelquefois complètement les communications.

Il restait encore deux parcelles de la prairie Jordan : une servait de chemin, l'autre avait été achetée par les mariés Preynat et Ravachol.

Le 18 décembre 1838, M. E. Richard a racheté la parcelle des mariés Preynat et Ravachol ; elle avait 1,200 mètres.

Le 23 décembre 1839, M. E. Richard a possédé la seconde parcelle de 5 à 600 mètres au moyen d'un échange fait avec la commune d'Izieux ; il possède ainsi 3,760 mètres du premier achat, 1,200 du second et 500 du troisième, soit 5,460 mètres de la prairie Jordan.

Ce sont ces 5,460 mètres qu'il arrose au midi du chemin de fer et au nord avec la source Souchon, pour se procurer des eaux de la plus grande limpidité, pour le blanchissage journalier de 3 à 400 kilogr. de lacets coton blanc.

Source Souchon.

La source Souchon a été créée par l'échange fait entre M. Richard et la commune d'Izieux, de 2,400 mètres de terrain pour transporter le cimetière contre 2,400 mètres d'anciens chemins déclassés par la nouvelle route de Saint-Chamond à Bourg-Argental.

Sous cette ancienne route fut établi un aqueduc de 80 centimètres de profondeur par 50 centimètres de largeur.

La nouvelle route avait séparé le pré de M. Souchon en deux parts : un quart du côté de l'usine et trois quarts du côté de la Garenne. La même route avait coupé en deux la terre suivante qui appartenait à M. E. Richard. M. Souchon désirait le délaissé de terre qui le touchait et M. Richard voulait le bas du pré de M. Souchon pour arriver à la source qui existait sur ce pré ; il était bien sûr que s'il pratiquait sur la partie à acquérir une tranchée de 80 centimètres de profondeur, la source y surgirait par la simple loi de la pesanteur de l'eau. La source s'écoulait sur le pré du sieur Badard et de là se rendait aux fontaines de Saint-Chamond. Le traité d'échange eut lieu le 21 octobre 1840 ; en voici le texte :

Pardevant Me Jean-François-Noël Mioche et son collègue, furent présent M. Martin Souchon, M. Ennemond Richard ;

Lesquels ont fait entre eux les échanges suivants :

M. Souchon remet à M. Richard à titre d'échange :

1º Une partie de pré à prendre au nord-ouest, à l'extrémité de la prairie appartenant à M. Souchon, située en la commune d'Izieux, au lieu du Pré-Château, laquelle prairie se trouve entre le nouveau chemin de grande communication de Saint-Chamond à Lavalla et l'ancien chemin venant du bourg d'Izieux, lequel est actuellement la propriété de M. Richard, par suite de la cession que lui en a faite la commune d'Izieux, aux termes d'un acte reçu par Me Suat, notaire à Saint-Chamond, le 23 décembre dernier.

La partie cédée est délimitée au nord-est par le pré de M. Badard, au sud-est par le chemin de Lavalla, sur lequel elle aura une façade de onze mètres quatre-vingt-dix centimètres ; au sud-ouest par le surplus du pré restant à M. Souchon ; et au nord-ouest par l'ancien chemin appartenant actuellement à M. Richard, sur une façade de vingt mètres quatre-vingts centimètres, un mur entre deux qui est compris dans la présente vente. Elle est d'une contenance superficielle de cinq cent nonante-un mètres septante centimètres.

En contre-échange M. Richard cède, etc., etc.

Conditions.

1o M. Richard n'aura aucun droit d'arrosage pour la parcelle à lui cédée, mais il aura le droit de prendre les eaux courantes dans les fossés des deux côtés de la route. Pour cela, il pourra établir un canal souterrain qui traversera la route en face de la parcelle vendue, dans l'endroit qu'il jugera le plus convenable et qu'il dirigera dans sa propriété comme il l'entendra.

Cet échange est en outre fait et convenu moyennant la soulte de, etc., etc.

Une tranchée de 80 centimètres de profondeur fut tracée en diagonale, et l'eau surgit immédiatement ; ainsi fut créée la source Souchon.

Sept ans plus tard, M. Richard reconnut que la source avait de la propension à sortir plus haut. Il fit un nouvel achat à M. Souchon, et l'acte fut passé le 21 août 1847. La parcelle vendue est ainsi décrite :

Un espace de terrain en nature de pré de la contenance de quatre cent vingt mètres carrés, situé au territoire du Pré-Château, confinée à l'orient, sur une longueur de *quinze* mètres, par la route de grande communication.

Quelques jours après cette seconde acquisition, M. Richard continua la tranchée 15 mètres plus loin, toujours à la même profondeur de 80 centimètres, et la source fut plus abondante.

M. Richard connaissait exactement le traité d'échange du 5 juin 1558, entre messire Christophe, baron de Saint-Chamond , et Pierre Queyrel , du Creux ; il savait que les eaux de l'arrosage du Creux ne devaient pas rentrer à la rivière, mais aux prairies du seigneur. Voici le texte :

Sous condition que ledit seigneur baron aura après et prendra lui et les siens, lesdites eaux comme elles iront, sortiront et seront prêtes de sortir dudit pré échangé par ledit seigneur baron audit Queyrel, sans que ledit Queyrel ni les siens puissent divertir ni détourner ailleurs qu'audit pré dudit seigneur baron y joignant comme dessus est dit.

Ainsi , l'arrosage du Creux ne peut aboutir ailleurs qu'à l'extrémité orientale de la prairie Souchon ; c'est là seulement qu'il aboutit depuis trois siècles. L'état des lieux n'a pas changé.

Si les eaux surgissant sur ce point sont des eaux de rivière, M. Richard peut en disposer *tous les jours de l'année* pour arroser :

1° Le pré Jordan , de 5,460 mètres de superficie en trois parcelles ;

2° Les prés Gonin, qui reçoivent naturellement l'eau du pré Jordan ;

3° La prairie des Moulins, de. . . . . 170 ares ;
   — de Michel Ferriol, de . . 67
   — de Michel Duplomb , de. 61
   — de Jean Brun, de. . . . 60

                     Total . . . . . 358 ares ;

soit trois hectares et demi.

Ce qui fait une étendue bien plus grande que la totalité du pré Souchon. Si ces eaux sont des eaux de source, il peut en sus en disposer à son gré ; mais, dans aucun cas, les usiniers n'ont à voir si elles reviennent à la rivière.

Quand M. Souchon arrose le lundi et le mardi son pré de deux hectares et demi , les usiniers n'ont pas le droit de venir jauger l'eau à l'entrée de son pré et de lui dire : le dixième de la rivière que vous prenez fait un mètre cube d'eau par minute, rendez ce mètre cube par minute à la rivière ou payez-le. Ils n'ont pas davantage le droit de dire à M. Richard : vous arrosez le pré des Mûriers et les prés suivants avec une source dix fois moins forte que la prise d'eau du pré Souchon, rendez-nous exactement cette eau à la rivière ou payez-la, non pas sa valeur réelle, non pas sa valeur calculée à raison de 645 fr. par force de cheval, ce qui porterait la location de chaque barrage à plus de 8,000 fr., mais payez-nous dix fois ce prix.

Non-seulement le pré Jordan et le pre de 170 ares des Moulins peuvent être arrosés avec cette eau de source, mais ils ont tous deux le droit d'être arrosés avec la même eau que le pré Souchon, en aussi grande abondance, mais à des jours autres que le lundi et le mardi.

M. Richard possède une grande étendue des prairies du seigneur ; il a le droit d'*aller chercher l'eau à ses jours*, en passant sur le pré de M. Souchon, qui est tenu, s'il a fait un mur de clôture, de lui remettre une clé de la porte.

Les usiniers en dessous du Creux ne possèdent que les neuf dixièmes de la rivière ; le dernier dixième n'appartient pas à la rivière depuis trois siècles, et depuis trois siècles les prairies ont joui de ce dixième des eaux.

Au reste, les usiniers n'ont que ce que le seigneur de Saint-Chamond n'avait pas aliéné avant l'émigration. La république, qui s'est emparée de tout, a vendu toutes les prairies avec leurs arrosages ; elle a vendu ensuite la molière, les moulins à blé d'Izieux, de Notre-Dame, de Saint-Pierre et le maillot.

Vous ne possédez pas, Messieurs les usiniers, des

droits remontant à 1558, comme les propriétaires des prairies. Comme toutes les pièces de ces longues discussions sont sous les yeux de chaque intéressé, chacun peut se rendre exactement compte de sa position.

Il serait à désirer que les prairies usassent largement du droit d'arrosage tant que la rivière est surabondante aux besoins des usines, c'est-à-dire tant que la rivière a plus de vingt mètres cubes d'eau par minute; mais, par contre, il serait à désirer que les prairies se renfermassent dans l'arrosage du dimanche, lorsque la rivière descend à douze mètres et au-dessous. Les usiniers pouvaient se réunir pour acheter le pré Souchon à frais communs, et le revendre comme terre sans arrosage. Ils n'ont pas jugé convenable de le faire; alors les quatre premiers barrages continueront à perdre le dixième des eaux, comme cela a lieu depuis trois siècles.

M. Richard s'est limité lui-même par un acte notarié à ne se servir que de l'arrosage du dimanche pour le pré Jordan, à moins que la rivière ne soit notablement supérieure aux besoins de l'usine de MM. Tapponnier et Harel, mais il ne s'est pas limité pour les 170 ares qui ont été vendus avec ses moulins; il peut les arroser de la même manière que le pré Souchon est arrosé, et s'il ne le fait pas après le 15 juillet, c'est dans l'intérêt de sa fabrique.

Il peut arroser en faisant parvenir l'eau directement du béal d'arrosage par les fossés de la route neuve ou en faisant parcourir à cette eau tout son trajet habituel, jusqu'à l'angle de la clôture de M. Véricel et de là par le lit du ruisseau jusqu'à la prairie. Le premier trajet est plus direct et n'oblige pas de fermer toutes les prises d'eau des riverains; l'autre est plus long, mais l'eau y a passé pendant trois siècles, et pour ce seul motif M. Richard continue à se servir des moyens anciens.

La ville de Saint-Chamond enviait les belles eaux qui se trouvaient sous les prés Gonin, mais elle ne pouvait pas contourner ces prés, parce qu'ils s'étendaient jusqu'à la montagne, et elle ne pouvait pas mettre des ouvriers à ouvrir une tranchée de cinq mètres de profondeur au milieu de ces prés, sans l'assentiment du propriétaire du sol. Cet assentiment a été acheté pour la faible somme de 5,800 fr., avec les intérêts à 5 p. 100 à partir de 1827 jusqu'au jour du paiement. Ce traité a été approuvé par le Conseil municipal; il a été approuvé par le préfet, et la ville n'a jamais payé la somme convenue. Il faudrait un immense procès et une première expertise de 4 à 6,000 fr., une seconde expertise de 2 à 3,000 fr. et 5 à 6,000 fr. de frais accessoires, comme cela se passe en ce moment entre la Compagnie du chemin de fer et les usiniers de Saint-Chamond, pour contraindre la ville à remplir ses engagements, il faudrait aventurer ou risquer 15,000 fr. pour se faire payer de 15 à 20,000 fr.

La partie qui succomberait regretterait vivement qu'un accord amiable n'ait pas mis fin à ce différend.

En ce moment, ce n'est pas ce procès qui occupe l'attention publique, mais celui que font les propriétaires des sept barrages situés entre le clocher d'Izieux et le clocher de Saint-Julien, à la Compagnie du chemin de fer, pour l'eau qu'elle est obligée de prendre contre le pont d'Izieux pour le service de ses locomotives.

Pendant six à huit ans, l'eau nécessaire à ce service a été constatée par deux expertises, et la quantité enlevée a varié de 80 à 95 mètres cubes, suivant la saison. Quand les eaux du Rhône permettent la desccnte des bateaux chargés de charbon, le mouvement du chemin de chemin de fer est augmenté d'un sixième ; de là une plus grande consommation de l'eau de la vallée du Gier par les locomotives.

Maintenant, la consommation de l'eau varie entre 100 et 120 mètres cubes par jour. Les usiniers prétendent que la Compagnie du chemin de fer n'a pas le droit de prendre de l'eau pour le service de ses locomotives, sans leur payer une indemnité annuelle représentant vingt fois le préjudice.

Les premiers experts nommés ont constaté un enlèvement d'eau de moins de 100 mètres cubes par 24 heures ; mais, basant leurs calculs sur 100 mètres et le prix du cheval de force motrice à 645 fr. par an, ils ont trouvé que le premier barrage appartenant à MM.

	Mètres.	Indemnité annuelle.
Hervier (Gabriel), avait une chûte de. . . .	2 80	6 78
Berne (Christophe), —	4 62	5 54
Berger (J.-B.), —	4 62	5 54

Second barrage.

	Mètres.	Indemnité annuelle.
Duclos (Pierre), avait une chûte de. . . .	1 20	2 88
Granjon (Camille), —	2 70	3 24
Gaillard —	2 70	3 24

Troisième barrage.

	Mètres.	Indemnité annuelle.
Montagnier (Philibert), avait une chûte de .	4 »	2 40
Degrais, —	2 70	1 62
Hervier, —	2 50	» 75
Montagnier (Louis), —	2 50	» 75

Quatrième barrage.

	Mètres.	Indemnité annuelle.
Granjon-Payet, avait une chûte de. . . .	2 »	2 40
Dubouchet, —	2 20	» 88
Terrasson, —	1 30	2 34
Tamet, —	4 50	2 70

A reporter. 41 06

Report. . .   41 06

Cinquième barrage.

Thouilly (Etienne), avait une chûte de. . .	2	»	»	»
Revol, —	. . . 2	30	»	»
Dubouchet, —	. . . 4	60	11	40

Septième barrage.

Berne (Grégoire), avait une chûte de. . . .	4	22	5 06
Berne (Henry), —	. . . 4	22	5 06

TOTAL général 62 58

Ainsi, les trois premiers experts, après avoir chacun opéré pendant 205 vacations, ont ainsi résumé leur travail :

Nous sommes unanimes pour la description des lieux faite dans le chapitre Ier du présent Rapport. — Voici un extrait du chapitre Ier (7me page, 28me ligne) :

« Grâce à l'ensemble de ces divers travaux, M. Richard a pu se procurer à toutes les époques de l'année, et en quantité plus que suffisante aux besoins de sa blanchisserie, une eau claire et limpide et douée de toutes les qualités nécessaires au lavage des soies. »

Nous différons d'opinion sur les réponses à faire aux questions posées dans le chapitre II. — Voici un extrait du chapitre II, page 9 :

« Les eaux dont se sert la Compagnie du chemin de fer sont-elles des eaux de source?

« On appelle eau de source l'eau qui sort de terre et dont on ne peut suivre la trace à la surface du sol. Toutes les sources proviennent de nappes d'eau souterraines auxquelles les pluies, ou *toute autre cause*, ont donné naissance. Les eaux prennent la température du sol qui les renferme, filtrent à travers les différentes couches de terrain qu'elles rencontrent et s'ouvrent un passage à l'extérieur là où le sol leur présente moins de résistance. Elles paraissent à l'air libre dans un état de pureté parfait; elles ont une température constante, quelle que soit la température de l'atmosphère (12 degrés centigrades environ). Le point d'émergence de ces eaux souterraines est ce que l'on appelle une source. Il est facile de concevoir qu'en obstruant la sortie de l'eau

d'une source on peut la faire jaillir sur un autre point ou la faire
disparaître entièrement. On peut même, en exécutant des tranchées
dans un terrain humide et marécageux, attirer au fond de ces
tranchées l'eau stagnante dans le sol et non apparente à la surface. On donne ainsi artificiellement naissance à une source dont
l'eau est douée de toutes les qualités de l'eau de source la plus
naturelle et la plus pure.

(Page 14) : « L'eau qui sort du fossé occidental de la route
sort de terre limpide, pure, avec une température constante;
elle provient des nappes d'eau souterraines alimentées par les
irrigations des prairies de la plaine du Creux.

« Les deux mêmes experts sont d'avis que ce n'est pas une eau
de source, quoiqu'elle en ait toute l'apparence, attendu qu'elle se
trouve exactement dans le cas qu'ils ont établi plus haut, pas
plus que les eaux dérivées au moyen de la tranchée exécutée par
la ville de Saint-Chamond, pour l'alimentation de ses fontaines,
ne sont des eaux de source. Le troisième expert au contraire,
pense que ce sont des eaux de source, d'après les définitions qu'il
a données des eaux de source et des explications qui précèdent
cette définition.

« Les eaux d'infiltration, dit-il, recueillies par M. Richard,
dans le grand bassin, au midi du chemin de fer, et dans celui au
nord, sont bien également des eaux de source comme celles qu'il
a achetées de M. Souchon, comme celles que la ville de Saint-
Chamond reçoit en quantité considérable dans le château d'eau
servant à l'alimentation des fontaines publiques de cette ville.
Elles ne viennent pas du Gier, car le grand bassin au midi du
chemin de fer est 49 centimètres au-dessus du barrage construit
sur le Gier à l'amont de ce bassin. Les eaux de ce bassin, qui
alimentent le bassin voûté, pénètrent, quand il est plein, dans
les terres environnantes, et s'écoulent en grande partie dans la
tranchée des fontaines de la ville de Saint-Chamond, car le niveau
d'eau dans cette tranchée est à 36 centimètres en-dessous du niveau
de l'eau du grand bassin, quand l'eau de ce bassin et du second
s'écoule naturellement par le robinet et que ce niveau est le
plus bas possible.

NOTA. — Ce robinet est celui qui fournit l'eau directement au
bassin situé sous la pompe du chemin de fer.

« Les deux autres experts reconnaissent l'exactitude de ce qui
précède, sauf ce qui concerne l'origine des eaux ci-dessus, qu'ils
pensent provenir de l'irrigation des prairies dont l'eau est elle-
même dérivée de la rivière du Gier. »

Les trois experts sont unanimes sur les conclusions des chapitres III et IV. Le chapitre III fixe le prix du cheval-vapeur à 645 fr. par an, et à 160 fr. pour les trois mois où l'eau prise par le chemin de fer est préjudiciable aux usines.

Le chapitre IV fixe la répartition de l'indemnité à 62 fr. 58 c. pour les sept barrages plaidant contre la Compagnie du chemin de fer.

Les usiniers demandaient une indemnité une fois payée de 172,000 fr.

Un seul expert a été nommé pour la seconde expertise ; il a commencé son travail le 4 août 1849 et l'a terminé le 30 mai 1853 ; il a rédigé son travail de mémoire à Avignon et a commis des erreurs matérielles de premier ordre.

Il constate qu'au moyen du compteur Evrard, placé à la pompe du chemin de fer il a été enlevé :

Pour la consommation journalière des locomotives :

D'après les observations du 1er mai . . .	89 mètres	290
— — du 1er au 4 mai.	89 —	494
— — du 4 au 24 mai.	96 —	009

Et il ajoute :

Les premiers experts l'avaient évalué à 80 mètres cubes par jour, et à raison de l'augmentation probable des besoins du chemin de fer, ils ont établi les calculs en dommages sur un chiffre de 100 mètres cubes.

Pour l'estimation des dommages, les premiers experts calculent à raison de 645 fr. par force de cheval et par an, la valeur de la quantité d'eau enlevée à chaque usinier pour les besoins du chemin de fer; cette base ne me paraît pas exacte et ne serait applicable tout au plus qu'aux établissements qui auraient possédé, avant les entreprises de M. Richard, des machines à vapeur d'une force supérieure au supplément qu'exige leur roulement complet pendant l'été.

Relativement à toutes les autres , elle n'est pas admissible , parce que le remplacement par la vapeur d'un faible volume d'eau correspondant au travail d'uu dixième de cheval et au-dessous, est matériellement impossible et qu'il nécessiterait l'installation à grands frais d'un moteur infiniment plus puissant, etc. etc.

Cependant, si l'on voulait adopter ce mode d'estimation, il faudrait tripler toutes les évaluations, etc. etc.

En bon état de roulement, le débit du Gier varie de 18 à 20 mètres cubes d'eau par minute. Il diminue pendant la sécheresse et s'abaisse dans les mois de juin et juillet à 5 ou 6 mètres cubes seulement.

On peut donc l'évaluer à 18 mètres cubes pendant neuf mois de l'année et à 6 mètres cubes pendant les trois autres mois, soit en moyenne 15 mètres cubes par minute ou vingt-un mille six cents (21,600) en 24 heures. Cela posé, le préjudice causé aux usiniers de Saint-Chamond se décompose en deux parties distinctes.

La première, à la charge du chemin de fer, est évidemment égale à la valeur locative de chaque établissement, multipliée par le rapport entre les 100 mètres cubes enlevés au Gier par la machine alimentaire du château d'eau et le volume moyen de la rivière, soit 100/21,600 mètres ou un deux cent seizième de cette valeur.

Cette base s'applique à toutes les usines sans exception, depuis le premier barrage jusqu'au dernier, et même à celles de M. Etienne Touilly et de Mme Revol, qui ne marchent que six mois, car leur valeur particulière est nécessairement établie sur cette durée de travail.

La seconde, à la charge de M. Ennemond Richard, tient à la perte de 200 mètres cubes que le système d'approvisionnement de la blanchisserie fait éprouver aux eaux qu'il emprunte au Gier pendant les trois mois de sécheresse qui coïncident à divers intervalles avec la suppression des irrigations des prairies.

Elle a pour mesure la valeur locative correspondante à la durée précédente, réduite proportionnellement à la diminution du volume des eaux, et multipliée par le rapport de 200 mètres cubes perdus au débit de la rivière au bas étiage, ce qui revient à multiplier, comme dessus, le quart de la valeur locative annuelle par le rapport de l'eau enlevée au volume moyen du Gier.

Son expression est donc :

$$1/4 \times \frac{200}{21,600} = \frac{1}{2} \; \frac{1}{216} \quad \text{ou} \quad \frac{1}{432} \text{de la valeur totale}$$

et elle équivaut à la moitié du dommage occasionné par l'approvisionnement des locomotives du chemin de fer.

En prenant avec les premiers experts un intervalle de 100 jours au lieu de trois mois, le préjudice augmenterait d'un neuvième et s'élèverait, calcul fait, *à un trois cent quatre-vingt-neuvième de la valeur locative de chaque usine.*

Ce magnifique rapport de **M.** Fénéon est la preuve de la distraction à laquelle un homme d'esprit, un homme capable peut se laisser entraîner, quand, n'habitant plus Saint-Etienne, mais la ville d'Avignon, il recherche, plus de quatre ans après, dans sa mémoire, ce qu'il a fait, ce qu'il a pensé et ce qu'il a calculé dans le temps.

Il a été nommé expert le 14 août 1848 ; il a livré son rapport le 30 mai 1853, c'est-à-dire quatre ans et neuf mois après sa nomination, et comme ce rapport n'était pas écrit, celui qui a été le chercher à Avignon l'a attendu pendant quatre semaines.

Tout est fait à la légère. Dans ce mémoire, il réclame comme utiles à faire des choses qui existent depuis long-temps, qui existent sur les plans des premiers experts et qui existent même sur les siens.

Dans sa distraction, il ne s'est pas même aperçu que la conclusion de son rapport était *absurde :* comment? les cent mètres cubes absorbés par le chemin de fer portent à chaque usine une dépréciation de valeur locative d'un deux cent seizième, e quand **M.** Richard augmente cette perte d'eau de deux cents mètres cubes de plus, le préjudice éprouvé par chaque usine n'est plus que d'un trois cent quatre-vingt neuvième.

A cette conclusion absurde, plus un dommage est grand, plus la réparation s'amoindrit ; il vous a fallu quatre ans neuf mois pour trouver cette conclusion. Ce n'est pas votre seule distraction ; il y en a bien d'autres dans votre rapport.

Vous avez écrit cette phrase :

Par eux-mêmes, les aqueducs des fontaines n'enlèvent rien au Gier et ne peuvent exercer sur lui aucune action.

En ce cas-là, la source Souchon n'enlève rien au Gier et ne peut exercer sur lui aucune influence. L'origine des eaux est la même, et elle a été constatée à l'unanimité par les trois premiers experts.

Vous avez écrit :

Le préjudice causé par la blanchisserie d'Izieux pourrait, au contraire, être facilement évité, sans nuire à la pureté des eaux de cet établissement. Il suffirait de conduire le volume qui lui est nécessaire du bief de la Molière ou du bief suivant, qui appartient à M. Richard, par un bourneau en fonte ou un conduit en pierres, dans un bassin de dépôt, à parois imperméables, et de là, par un orifice de superficie, dans un second bassin de même nature, rempli de sable et graviers, à travers lesquels s'opérerait leur filtration.

Ce bourneau de fonte a été posé par M. Richard ; du bief en face, qui lui appartient, il passe sur le pont d'Izieux, dans l'épaisseur de la maçonnerie ; vous l'avez constaté sur votre plan, et vous demandez son établissement ! On se servait de cette eau, prise directement au Gier, pour laver les cotons sortant des premiers bains et n'étant pas encore au blanc nécessitant des eaux de source.

C'est à cause de ce bourneau, amenant directement l'eau du Gier dans la partie nord de la blanchisserie, que les usiniers prétendent que vous ne deviez pas jauger les eaux de la blanchisserie au moment de leur sortie de la blanchisserie, mais au moment de leur entrée.

Vous constatez que le grand bassin d'approvisionnement a **625** mètres carrés de surface, qu'il est muraillé en pierres sèches, qu'il est situé à environ 10 mètres des bords de la rivière, qui se trouve sur ce point encaissée profondément, et vous ne constatez pas qu'à 15 mètres de distance de ce même bassin est la pile du pont du chemin de fer, que cette pile, posée en travers du courant de l'eau, est cause d'un creusement considérable, et que dans ce creusement profond la source Souchon tout entière viendrait se perdre par les fondations du pont, sans que vous puissiez vous en apercevoir.

Vous ne jaugez pas l'issue générale de la blanchisserie, après avoir fermé le tuyau passant sur le pont ; vous ne jaugez pas le mince filet d'eau passant dans la mère-rivière pendant la sécheresse, et vous affirmez que M. Richard, par ses travaux, perd 200 mètres cubes d'eau par jour : « Je n'ai pas trouvé leur sortie à la rivière, donc il les perd. »

C'est aussi sensé que votre conclusion :

Le chemin de fer, en prenant cent mètres cubes d'eau par jour, cause un préjudice d'un deux cent seizième de la valeur locative, et M. Richard, en en perdant le double, cause un préjudice moindre, c'est-à-dire un préjudice d'un trois cent quatre-vingt-neuvième.

M. Fénéon, avec son beau travail, arrive à une conclusion qui est loin de l'attente des usiniers.

Les sept barrages réunis ne sont pas d'une valeur locative de 42,000 fr., soit 6,000 fr. par barrage.

Le 216me de 40,000 fr., c'est moins de 200 fr. par an.

Le 389me de 42,000 fr., à la charge de M. Richard, est de 108 fr. par an.

Cet immense procès, sur lequel il s'est fait, jusqu'à présent, 815 vacations d'expertise se résume, d'après le rapport des premiers experts, à une indemnité annuelle de 65 fr. 58 cent. ;

Et, d'après les conclusions du rapport de M. Fénéon, à une indemnité annuelle de 308 fr.

La demande des usiniers était de 172,000 fr.

J'ai dit que le rapport de M. Fénéon concluait à une indemnité annuelle de 308 fr., mais il faut en déduire le tiers pour toutes les fabriques pourvues d'une machine à vapeur remplaçant l'eau pendant la sécheresse. Voici le texte de son rapport :

« Pour l'estimation des dommages, les premiers
« experts calculent, à raison de 645 fr. par force de
« cheval et par an, la valeur de la quantité d'eau
« enlevée à chaque usinier pour les besoins du che-
« min de fer ; cette base ne me paraît pas exacte et
« ne serait applicable tout au plus qu'aux établisse-
« ments qui auraient possédé, avant les entreprises
« de M. Richard, des machines à vapeur d'une force
« supérieure au supplément qu'exige le roulement
« complet pendant l'été. »

Or, c'est ce qui a lieu pour le tiers des fabriques :

M. Hervier (Gabriel), n'a pas de machine à vapeur ;

MM. Berne et Berger, du premier barrage, ont une machine a vapeur ;

Le second barrage n'a qu'une machine à vapeur ;

Le troisième barrage n'a qu'une machine à vapeur ;

Le quatrième barrage n'avait qu'une machine à vapeur ;

Le cinquième barrage n'a qu'une machine à vapeur ;

Mais le sixième barrage a deux machines à vapeur.

La réduction concernant ces fabriques enlève plus du tiers de l'indemnité de 308 fr. Le procès se réduit ainsi à une indemnité annuelle de 200 fr. par an, et cela dans le cas seulement où la cour déciderait que les eaux de l'émergence Souchon ne sont pas des eaux de source et encore si elle décidait que ces eaux doivent revenir à la rivière du Gier, malgré la stipulation contraire du seigneur en 1558.

La soupape de communication des deux parties du réservoir situé sous la pompe du chemin de fer, pourra être supprimée le jour même que M. Richard ne sera plus empêché de jouir chaque dimanche de ses droits d'arrosage. Or, il en a été si souvent empêché jusqu'à ce jour, par fraude ou de vive force, qu'il était prudent pour lui d'avoir deux cordes à son arc.

Au reste, il n'y a aucune communication directe entre le réservoir de la machine et la rivière du Gier, et M. Richard autorise les usiniers à faire cimenter extérieurement le mur de ce réservoir aussi profondément qu'ils le voudront; il met à cet effet une somme de cent francs à leur disposition, et cela chaque année au mois de juillet et au commencement de la sécheresse de trois mois qui est habituelle à cette localité.

Le chemin de fer, dans plusieurs réunions qui ont eu lieu à l'hôtel-de-ville de Saint-Chamond, a toujours offert de payer immédiatement une indemnité; mais l'irritation était si grande que la voix de la raison n'a jamais été entendue.

Ce procès devait être jugé par la Cour impériale le samedi 20 février 1858. M. Valentin, avocat général, s'est rendu sur les lieux le dimanche matin, 14 février; il y a trouvé les parties plaidantes.

Il a vu que, ce jour-là, l'arrosage du Creux fonctionnait pour la première fois de l'année 1858, et que la source Souchon n'était pas tarie, mais elle était bien faible.

La blanchisserie se servait en même temps des eaux de rivière et des eaux de source.

L'eau de l'arrosage du Creux, du dimanche, est arrivée, le mardi, à la source Souchon; le jeudi, elle était à sa plus haute période; le vendredi, elle décroissait. Ce jour-là, à 8 heures du matin, M. Freydier, notaire de la ville de Saint-Chamond, et M. Bonnet, architecte-voyer de la même ville, requis par M. Richard de se rendre sur les lieux, à l'effet de procéder à diverses constatations et expériences intéressant le procès que M. Richard soutient contre plusieurs usiniers, devant la Cour impériale de Lyon, ont dressé le procès-verbal suivant :

Nous, Alexandre-Auguste Freydier, notaire à Saint-Chamond, assisté de M. Joseph Bonnet, ci-dessus qualifié et domicilié, obtempérant à la réquisition qui précède, nous nous sommes transportés sur les lieux sus-indiqués, où nous sommes arrivés à huit heures et demie du matin, et avons de suite procédé aux opérations dont s'agit, en conséquence de quoi nous disons et rapportons ce qui suit :

Pour l'intelligence des constatations et des expériences faites par nous, il est nécessaire d'avoir sous les yeux une copie du plan dressé par M. Fénéon, alors professeur à l'Ecole des mines de Saint-Etienne, lequel plan a été calqué par M. Richard et tiré à plusieurs exemplaires ;

1º Le bassin A, mesuré à son point de communication avec la galerie conduisant l'eau au bassin B, a aujourd'hui, dix-neuf février, huit heures et demie du matin, une profondeur de soixante-dix centimètres ;

2º L'eau recouvre au tiers la partie supplémentaire du bassin A, laquelle partie se trouve à douze mètres de la rivière du Gier ;

3º La source d'eau, dite source Souchon, tombant dans le bassin A remplit un hectolitre en vingt-quatre secondes ;

4º L'eau sortant du bassin B, pour se filtrer et se rendre à la galerie de trente-cinq mètres de longueur du bassin C, remplit un vase d'un hectolitre en vingt-huit secondes ;

5º Le bassin C a une hauteur d'eau de quarante-neuf centimètres ;

6º L'eau sortant du bassin C, par le tuyau habituel de cent cinq millimètres de diamètre extérieur, tombe dans la blanchisserie par les deux orifices de quatre centimètres chacun de diamètre intérieur et remplit un vase d'un hectolitre en cinquante secondes ;

7° L'eau du dégorgeoir, amenée dans un vase d'un hectolitre, le remplit en trente-deux secondes ;

8° Lorsque toute l'eau de la blanchisserie s'écoule par le canal d'issue, dont nous parlerons ci-après, cette eau remplit un vase d'un hectolitre en dix-huit secondes ; mais lorsqu'une partie de ces eaux est dirigée dans le réservoir du chemin de fer, il faut alors vingt-six secondes pour remplir l'hectolitre ;

9° A propos du canal d'issue, dont il vient d'être parlé, nous disons que ce canal d'issue traverse toute la blanchisserie de M. Richard et rend les eaux à la rivière du Gier à un mètre au-dessus du pont d'Izieux, par une ouverture faite dans le gros de mur. Cette ouverture, au dire de plusieurs témoins que nous avons consultés et qui connaissent la blanchisserie depuis son origine, a existé depuis la construction de la blanchisserie, sans modification aucune.

Il résulte de ce procès-verbal des hommes les plus capables de la localité que, ce jour-là, la source Souchon donnait un courant de. . . . . 360 mètres cubes par 24 heures ;

Que l'eau sortant du bassin B, pour se filtrer, donnait un courant de 308

Que l'eau tombant dans la blanchisserie 172

Que l'eau du dégorgeoir ramenée dans la blanchisserie 270

Que l'eau sortant à la rivière par l'issue générale 480

Que cette même issue, après le service du chemin de fer 331

Preuve des opérations.

24 heures de 60 minutes, 1,440 minutes, soit 86,400 secondes.

86,400/24	86,400/28	86,400/50	86,400/32	86,400/18	86,400/24
360	308	172	270	480	331

Ainsi, il sort plus d'eau de l'issue générale de la blanchisserie qu'il n'en arrive dans le grand bassin par la source Souchon, quand même cette source fournit un ordinaire de 360 mètres cubes en 24 heures.

Les mêmes opérateurs sont retournés sur les lieux, le soir; le matin, tout était gelé; le soir, tout était dégelé. Le gel produit des effets de contraction, et la chaleur des effets de dilatation, qui peuvent, en quelques heures, changer tous les calculs.

La chaleur, en dilatant le sol, produisait une filtration plus rapide : toutes les quantités d'eau étaient restées les mêmes, à la source Souchon, à la blanchisserie, au dégorgeoir et à l'issue générale ; mais les trois bassins s'étaient abaissés de 6 centimètres, de 9 heures du matin à 3 heures du soir, soit 1 centimètre à l'heure. Un autre jour, l'effet peut se produire en sens inverse, si l'expérience se commence à 1 heure pour être terminée à 7 heures du soir.

Quand la source Souchon donne 360 mètres par 24 heures, les fontaines de St-Chamond ont 12 à 1,300 mètres cubes d'eau par 24 heures. Quatorze fontaines publiques emploient chacune 1 mètre cube à l'heure, soit 14 fois 24 mètres cubes par jour et nuit, ce qui fait 336 mètres. Les 8 à 900 mètres d'excédant retombent du château d'eau au travers de l'usine de MM. Petin-Gaudet et ne sont pas perdues par les usines inférieures.

En présence de ce fait, attesté par un rapport de M. Janicot, professeur à l'Ecole des mines de Saint-Etienne, produit au Conseil municipal de Saint-Chamond, que devient cette assertion de M. Fénéon : « Par eux-mêmes, les aqueducs des fontaines n'enlèvent rien au Gier et ne peuvent exercer sur lui aucune action. » Ils enlèvent les trois quarts des eaux de l'arrosage du Creux, et M. Richard reçoit le quatrième quart à la blanchisserie.

Voici tout ce que M. Richard aurait dit à la Cour

impériale, si on eût pu lui accorder la parole qu'il demandait pour une demi-heure ; une demi-heure suffira pour lire son mémoire, et le même but sera atteint.

Saint-Chamond, le 24 février 1858.

E. RICHARD.

Saint-Etienne, imprimerie de Théolier aîné.